AVERTISSEMENT
AUX BONS FRANÇAIS,

SUR

LES DANGERS

DONT NOTRE AVENIR EST MENACÉ,

D'APRÈS

LA COMPARAISON DU PRÉSENT AVEC LES PREMIERS ÉLÉMENS DU PASSÉ.

Clermont-Ferrand,

DE L'IMPRIMERIE DE THIBAUD-LANDRIOT;

LIBRAIRE, IMPRIMEUR DU ROI, DE Mgr L'ÉVÊQUE ET DU CLERGE.

1826.

AVERTISSEMENT
AUX BONS FRANÇAIS,

SUR

LES DANGERS

DONT NOTRE AVENIR EST MENACÉ,

D'APRÈS

LA COMPARAISON DU PRESENT AVEC LES PREMIERS ÉLÉMENS DU PASSÉ.

————◄◄►⊛◄◄►◄►———

> L'on doit par-dessus tout craindre ceux qui ne craignent rien.
>
> *Précepte de la sagesse.*

LE PASSÉ.

LE meilleur et le plus infortuné de tous les Rois, le vrai père de la patrie, forme le vœu de faire jouir ses enfans de tout le bien et de tout le bonheur qu'il est en son pouvoir de leur procurer. Il les appelle solennellement auprès de lui, pour prendre d'eux-mêmes toutes les instructions les plus capables de remplir son vœu paternel.

A peine ces enfans chéris ont-ils été réunis,

que ce bon Roi se présente au milieu d'eux.
Il leur met son cœur à découvert, et il les fait
jouir, dans ce précieux moment, de toute sa
tendresse paternelle : une explosion de la plus
vive reconnaissance éclate et s'élève dans les
airs.

Pourquoi faut-il que de si heureuses dispo-
sitions, qui semblaient assurer pour jamais le
bonheur de la grande famille, aient eu les
suites les plus déplorables?

Parmi tous les enfans appelés auprès du père
de la patrie, il s'en est trouvé qui, pleins de
respect et d'amour pour lui, avaient la ferme
résolution de répondre dignement à son attente ; mais malheureusement, comme il n'est
que trop réel que l'ivraie se mêle au bon grain,
il s'en est trouvé d'infidèles, d'ingrats et de
parjures, qui, depuis long-temps, nourris-
saient dans leur âme les projets les plus si-
nistres.

Ces enfans dénaturés, qui, comme tout le
monde sait, ne durent pour la plupart leur
députation qu'à la plus basse intrigue, à la
cabale et à la surprise, dirigent leur première
attaque contre leurs propres frères ; ils les dé-
pouillent et les dégradent ; ils les forcent à
descendre au milieu d'eux ; et ils se font un
triomphe de les confondre dans leurs rangs.

Ce premier succès les enivre ; ils n'écoutent plus que leur orgueil et leur ambition : semblables à ces anges rebelles qui, lors de la naissance du monde, voulurent s'égaler à leur divin Créateur, ils portent l'audace jusqu'à vouloir usurper l'autorité suprême ; de simples sujets qu'ils étaient, ils veulent se placer au-dessus de leur Roi ; ils lèvent contre lui l'étendard de la révolte ; ils l'abreuvent d'amertume, et achèvent par déchirer son sein paternel.

Pour se donner une apparence de droit, ils affectent de déverser sur la masse du peuple une souveraineté dérisoire ; voulant ensuite corroborer ce prétendu droit par la force, ils s'adjoignent la basse classe du peuple qu'ils flattent et caressent ; ils le gratifient de la noble dénomination de *sans-culottes*. Ils font ouvrir les portes des prisons, font sortir les forçats et tous les scélérats ; ils les prennent pour auxiliaires ; ils érigent le vice en vertu, et la vertu en vice ; en même temps qu'ils proclament la liberté et l'égalité, ils privent de leur liberté toutes les personnes honnêtes et honorables ; ils les entassent très-arbitrairement dans des maisons de reclusion, pour en faire autant de victimes de leur soif sanguinaire.

Bientôt ils accumulent sur leurs têtes tous

les crimes de lèse-majesté divine et humaine; ils profanent nos temples.....; ils renversent nos autels..... ; ils couvrent la France de décombres......; ils rougissent la terre du sang d'innombrables victimes..... Pour couronner l'œuvre, ils font descendre leur propre Roi de son trône, pour le traîner sur un échafaud et le livrer à des bourreaux.

Cependant un intrépide soldat sort de la tête des armées, traverse les mers, se présente, et fait tomber de leurs mains un sceptre fumant encore du sang de leur royale victime.

Ce début d'aventure semblait être de bon augure, en ce qu'il mettait fin à l'anarchie ; mais cet intrépide soldat n'était qu'un usurpateur qui a long-temps abusé de sa bonne fortune. Séduit par sa propre gloire, il n'a plus mis de bornes à son insatiable ambition; il a tout sacrifié à une chimérique célébrité à laquelle il visait, mais qui n'a rien moins que répondu à son attente.

Monté sur un trône auquel il était étranger, il a été forcé d'en descendre; mais par un stratagème inouï, par suite d'une horrible trahison qui a coûté cher à la France, une faction perfide, jalouse du calme dont nous jouissions après la plus affreuse tempête, lui a clandestinement et criminellement prêté la main pour l'y faire remonter.

Le sceptre s'est changé dans ses mains en une verge de fer ; il a eu la cruauté de faire verser un sang précieux qui n'a cessé de crier vengeance.

« Sa propre conscience ne cessait de lui reprocher son intrusion ; dans son désespoir, il a eu recours à la plus criminelle imposture, dans le dessein de porter atteinte à la légitimité, et de faire tenir l'auguste famille des Bourbons à l'écart d'un trône, dont huit cents ans de possession devaient de plus en plus assurer la stabilité.

Mais le ciel a fini par faire justice de cette scélérate supercherie ; le fils de saint Louis est remonté sur son trône, et l'audacieux usurpateur en est descendu pour la seconde fois, pour aller définitivement prendre sa place sur un rocher au milieu des mers.

Telle a été la fin d'une catastrophe mémorable qui a souillé les pages de notre histoire, et à laquelle la postérité aura bien de la peine à croire.

LE PRÉSENT.

Après la longue et horrible tourmente dont nous venons d'esquisser le tableau, et dont il n'y a jamais eu d'exemple..., après l'incroyable catastrophe des cent jours..., après la chute

et l'itérative expulsion du trop célèbre usurpateur...., après tant de conspirations dé-
jouées..., enfin, après le glorieux triomphe
de la légitimité et la salutaire restauration,
nous devions nous attendre à ne plus trouver
d'ennemis du repos et de la tranquillité publique; nous devions croire que la grande
famille ne présenterait qu'un seul et même
peuple de frères....., enfin, nous devions
espérer de voir fleurir l'olivier de la paix
à l'ombre des lis..... Mais, hélas! de noirs
pressentimens viennent jeter aujourd'hui l'é-
pouvante dans nos âmes; tout semble conspi-
rer contre la paix dont nous jouissons, et
changer nos beaux jours en des jours de dou-
leur et d'effroi.

Quoi! pendant que notre bon Roi s'occupe
sans relâche à cicatriser nos plaies....; qu'il
travaille à consolider notre bonheur, en don-
nant à la religion et à la législation tout ce
que l'une et l'autre demandent....; que pour
corriger, dans les générations futures, tous
les vices de celle qui a passé ou qui passe,
et que pour remplir son royal objet, il affec-
tionne et protége, dans sa haute sagesse, l'é-
ducation chrétienne et monarchique, de faux
frères ont juré de tout entraver; ils allument
de tous côtés des brandons de discorde; ils

renouvellent les scènes d'horreur qui ont signalé les premiers jours de la révolution.

Notre sainte religion est méconnue, bravée et tournée en dérision.....; nos temples sont profanés....; le culte divin y est interrompu par les vociférations, et par les outrages les plus scandaleux et les plus inouïs.....
Tout ce qu'il y a de plus auguste et de plus vénérable parmi les ministres de nos autels, est dénigré et livré au mépris...Des prêtres particulièrement dignes par eux-mêmes du plus grand respect, sont arrêtés à leur passage dans les rues; on les outrage, et on les excède de mauvais traitemens capables de mettre leur vie en danger.... On lance des impostures où on dénature les faits contre de malheureux pasteurs, dans l'exercice de leurs fonctions pastorales.... On met au jour, et l'on donne ensuite le plus grand éclat à des dénonciations calomnieuses et dérisoires, contre des corporations dont le mérite, les talens et les vertus sont leur tort; qui ont joui de la plus grande célébrité; que l'on regarde comme les colonnes de l'Église; qui sont de la plus grande nécessité, soit pour l'instruction chrétienne et l'éducation, soit pour le maintien de la religion, soit pour la propagation de la Foi....
Des productions obscènes, des maximes per-

nicieuses, des doctrines infernales sont répandues sur tous les points jusque dans les chaumières.... Enfin, au grand scandale des fidèles et des catholiques, l'impieté, l'irréligion et l'immoralité sont professées avec une audace sans pareille. Tel est l'état déplorable et bien authentique dans lequel nous nous trouvons.

Voyons maintenant ce qu'il y a à craindre pour l'avenir.

LES DANGERS DE L'AVENIR.

Que peut-on augurer maintenant de l'état actuel des choses? Sans doute il est autrement menaçant que tout celui que le prestige et le mensonge ont fait inventer à plaisir, et que l'on a voulu tant accréditer dans un délire.

Quelle est la garantie que l'on peut nous offrir contre toutes les craintes qui se présentent naturellement, même à l'homme le plus confiant? Sera-ce cette dénonciation astucieusement apprêtée? mais le voile grossier qui couvre son véritable motif n'est-il déjà pas tombé? L'illusion n'est que pour les auteurs et les sectaires. Cette dénonciation, aussi absurde que mensongère, ne laisse aucun doute qu'elle n'a été inventée que pour séduire les esprits faibles, flatter l'imagination de la secte, et faire diversion. Mais prenons garde qu'ici tout est en rapport entre le présent et le passé, et que c'est vers ce passé que l'on voudrait nous ramener, en abusant de notre confiance et de notre bonne foi.

Hélas! c'est la trop grande confiance, c'est la tendresse paternelle du Roi-Martyr qui l'a conduit du trône à l'échafaud.

O mon Roi! prince infortuné, modèle de toutes les vertus, objet sacré de nos éternels regrets, pourquoi faut-il que votre excessive bonté ait suspendu et arrêté le glaive de la justice? Vous étiez l'image de Dieu sur la terre; il vous avait fait roi par sa grâce, il vous avait revêtu de l'autorité suprême.

Quand vous avez vu une ligue infernale porter ses premiers coups sur les deux premiers ordres de l'État, sur la noblesse qui rehaussait la majesté du trône, sur le clergé que la piété de nos pères honorait comme l'intermédiaire entre le ciel et la terre, n'auriez-vous donc pas dû voir que c'était le premier mot d'ordre donné à la troupe révolutionnaire, par ses chefs, d'aller se précipiter sur l'autel et le trône?..... L'événement ne l'a que trop justifié.

Et quand, dans un mouvement tout aussi

criminel, la faction a fait déployer avec autant d'audace que d'orgueil, l'étendard de la
révolte dans un jeu de paume, en fallait-il
davantage pour fixer toute votre royale at-
tention, et vous déterminer enfin à faire
triompher la justice sur votre tendresse paternelle.

Hélas! vos fidèles sujets en avaient conçu
la douce espérance, lorsque, dans un moment de fermeté, vous avez annoncé aux
rebelles que vous connaissiez le vœu de votre
peuple; que de vous-même et de votre seule
autorité, vous répondriez à ses désirs. Alors
vous aviez dans vos mains ces précieux écrits
connus sous le nom de cahiers, qui, sur tous
les points de la France, avaient été médités
dans le silence des passions par l'amour et la
fidélité.

Malheureusement cette fermeté n'a eu
qu'un moment. La trop grande bonté de
votre cœur vous a séduit de nouveau; vous
avez fini par faire grâce à de grands crimi-
nels, et vous avez fait la déplorable épreuve
que *qui pardonne aisément invite à l'outrage.*
· O mon Roi! que n'avez-vous suivi sur la
terre cette terrible mais salutaire leçon qui
vous a été donnée du ciel, lors de la création
du monde, contre l'orgueil et la rébellion!

Hélas! que de maux et de malheurs auraient été prévenus, et d'innombrables et innocentes victimes n'auraient pas payé pour les coupables!

Mais revenons à l'important objet qui nous occupe.

. Il n'est malheureusement que trop vrai que les enfans du père commun de la patrie se trouvent divisés aujourd'hui comme autrefois en deux fractions; l'une, antichrétienne et perverse; l'autre, chrétienne et royaliste; celle-ci est entièrement attachée à son [Dieu et à son Roi; elle est pénétrée de cette importante vérité, que la religion est la base fondamentale de tout gouvernement social, et le vrai principe du repos et de la tranquillité publique, et que sans elle il ne peut y avoir que confusion, trouble, tumulte et désordre. Vouloir prouver cette vérité, ce serait vouloir prouver l'évidence; et d'ailleurs, elle est suffisamment établie par le passé.

Nous savons tous que si les auteurs de nos maux et de nos malheurs eussent été pénétrés de la vérité de notre sainte religion, et qu'ils eussent voulu mettre en pratique tous les préceptes de l'Évangile, nous n'aurions jamais eu de révolution.

La seconde fraction, au contraire, a tou-

jours été l'ennemi irréconciliable de la religion et de la dépendance. Si les hommes qui
la composent font des démonstrations con-
traires, c'est un sacrifice qu'ils font aux cir-
constances, c'est hypocrisie de leur part.

Ils ont porté leurs mains sacriléges sur
nos autels ; ils ont détruit notre sainte religion.
Quel droit avoient ces impies de proscrire
tout ce qu'il y a de plus consolant pour
l'homme sur la terre ? Par suite de leur amour
pour l'indépendance, ils ont renversé le gouvernement monarchique et paternel. Quel
droit avaient ces parjures de détruire un gouvernement qui avait traversé bien de siècles,
qui avait fait la gloire de la France et le bonheur des Français, et auquel ils avaient fait
serment de fidélité ?

Que nous ont-ils donné en place de la religion qu'ils ont détruite, et du gouvernement paternel qu'ils ont aboli ?

Ce serait être bien dupe de soi-même et
de sa bonne foi, que de croire à la conversion de ces infidèles et de ces parjures. Non,
non, ils ne sont ni convertis, ni corrigés, ils
ne sont seulement que comprimés. Tous les
excès auxquels ils se portent tous les jours,
tout ce qui se passe sous nos yeux, nous fait
voir à découvert le fond de leur âme. Que

serait-ce de plus, si nous pouvions pénétrer dans ces antres ténébreux où se préparent les forfaits?

Il est à craindre qu'ils ne soient dans l'avenir ce qu'ils ont été et ce qu'ils sont, et nous devons toujours craindre ceux qui ne craignent rien.

Nouveaux Caïns, ils ont trempé leurs mains dans le sang de leurs frères. Enfans dénaturés, ils ont immolé le père de la patrie à leur fureur et à leur rage.

Ces impies viennent de porter le dernier coup à notre sainte religion. Dans une production infernale qu'ils viennent de mettre au jour, sous le titre d'*Évangile*, ils ont eu l'audace de décomposer, de dénaturer, de mutiler et de tronquer notre saint Évangile, que nous regardons comme l'ouvrage sacré de l'Esprit-Saint, et comme la base fondamentale du christianisme et de notre croyance.

O France! ô ma patrie! quel avenir de plus en plus menaçant se présente à nos regards? Digne objet de notre vive sollicitude, qu'allez-vous devenir?

Que n'est-il possible de dissiper nos craintes et nos alarmes? Mais peut-on oublier ces temps d'horrible mémoire, où la France épouvantée ne présentait qu'un vaste cimetière, et auxquels tout semble nous ramener?

Que sont devenus ces temps où la France
glorieuse et triomphante était regardée, à juste
titre, comme l'exemple et le modèle de toutes
les nations? Alors elle commandait l'admira-
tion et le respect par sa piété, par la douceur
de ses mœurs, par sa civilisation et son humanité.

La religion catholique, apostolique et ro-
maine, était de toute ancienneté la religion de
l'État et du Gouvernement; nos pères la re-
gardaient comme la base essentielle de l'édifice
social, et le principal fondement du repos et
de la tranquillité publique.

Aucun fonctionnaire public, sans excep-
tion, juge, magistrat, administrateur, ou
employé, ne pouvait être admis à exercer,
qu'auparavant il n'eût fait preuve qu'il pro-
fessait la religion catholique.

Nos rois avaient constamment pris le titre
honorable de Rois très-chrétiens, et de Fils
aînés de l'Eglise. A leur avénement au trône,
ils allaient recevoir, au pied de l'autel, l'onc-
tion sainte, et avec elle les grâces que le Ciel
accorde à leur administration suprême. Ils
n'avaient jamais perdu de vue que leur autorité sur la terre vient du Ciel; qu'elle est
par elle-même une émanation de l'autorité
divine; qu'enfin, ils ne sont rois que par la

grâce du Roi des Rois. Ils mettaient tout en rapport entre le ciel et la terre : le trône était uni à l'autel, et l'autel était uni au trône, et l'un et l'autre étaient d'autant plus forts que leur force venait de leur union.

Par une inspiration toute divine, un de nos rois, de glorieuse mémoire, voulant rendre un juste hommage à la religion, et assurer de plus en plus son empire, invoqua la médiation et l'intercession de la Mère de notre divin Sauveur ; il lui consacra la France par un vœu solennel, qui s'accomplit chaque année, et qui, grâce à Dieu, doit se renouveler à perpétuité.

Alors le peuple français mettait toute sa gloire dans sa soumission et sa fidélité à son Dieu et à son roi ; et il rendait amour pour amour au père de la patrie. Alors tout se trouvait dans un parfait accord ; l'exemple de la piété du Roi se propageait partout, et, dans un saint enthousiasme, l'on disait de toute part : *Regis ad exemplar totus componitur orbis.*

Heureux temps ! que ne pouvons-nous vous ramener, au lieu de celui que l'on nous prépare, et qui peut-être n'arrivera que trop tôt... Hélas ! les excès les plus affreux et les plus redoutables, se succèdent et se multiplient de tant de manières, que l'on serait tenté de croire que nous touchons à ces derniers momens que le prophète Daniel a prédits : ceux *de l'abomination et de la désolation ;* et que, par suite, nos cruels ennemis sont les précurseurs de l'Antechrist.

Ames vertueuses, âmes fidèles et constantes, de même que notre divin Maître a lui-même pleuré sur les maux et les malheurs que devait éprouver la fameuse ville de Jérusalem, nous voilà réduits à pleurer et gémir sur les maux et les malheurs dont est menacée notre chère patrie.

Si, pendant que l'ennemi travaille de toutes ses forces à nous perdre, nous continuons de dormir dans une fatale sécurité, quel sera notre réveil ?

Prévenons donc le fatal retour de tous les maux et les malheurs dont nous sommes évidemment menacés.

Profitons de l'exemple religieux que nous ont donné les Ninivites, lorsque le prophète Jonas leur annonça les malheurs qu'ils devaient éprouver ; allons nous jeter aux pieds des autels, implorer l'Être Suprême pour qu'il détourne et dissipe la foudre qui gronde sur nos têtes.

Épanchons nos cœurs dans le sein de nôtre bon Roi ; implorons sa tendresse paternelle,

pour qu'il prenne toutes les mesures néces-
saires pour sauver l'autel et le trône : il est
notre père, nous sommes ses enfans. Rappe-
lons-lui cette salutaire leçon qui déjà est im-
primée dans son cœur, et qui nous fut donnée par Charlemagne, son auguste prédéces-
seur.

Ce grand roi, de glorieuse mémoire, qui,
du haut des régions célestes, ne cesse de veiller
aux intérêts de la France, en associant son fils
Louis-le-Débonnaire à l'empire, entre autres
conseils qu'il lui donna publiquement, il lui
proféra ces paroles sacrées :

« Mon fils, honorez les évêques comme
» vos pères......; aimez vos peuples comme
» vos enfans..... *A l'égard des méchans et des*
» *mutins, contraignez-les par la force à rentrer*
» *dans le devoir.... Choisissez des juges et des*
» *gouverneurs que la crainte de Dieu rende in-*
» *capables de se laisser corrompre....* Et vous-
» même, rendez-vous irrépréhensible devant
» Dieu et devant les hommes. »

Cette importante et salutaire leçon n'est
pas seulement pour le fils du bienheureux
Charlemagne, elle s'applique à tous les rois.

A Dieu ne plaise que nos faux frères puis-
sent jamais penser que nos prévoyances soient
dictées par le ressentiment, par l'animadver-

sion et par la haine ! quelle qu'ait pu être leur conduite passée envers nous, nous ne perdrons jamais de vue les sentimens d'humanité et de charité que la religion a gravés dans nos cœurs : c'est l'amour de la patrie, c'est le salut de la France qui nous inspirent..... De même que le Roi-Martyr, ce modèle de toutes les vertus, qui a su mourir en roi, et en roi très-chrétien, a pardonné à ses bourreaux, et prié pour eux, nous pardonnons de bon cœur à tous nos frères tout le mal qu'ils nous ont fait : nous prions tous les jours pour leur conversion. Qu'ils descendent au fond de leur âme, qu'ils abjurent leur erreur, qu'ils mettent à profit le trésor de toutes les grâces que le Ciel nous accorde dans cette année sainte ; qu'ils viennent ensuite se jeter dans nos bras, ils leur seront ouverts !

www.ingramcontent.com/pod-product-compliance
Lightning Source LLC
Chambersburg PA
CBHW050442210326
41520CB00019B/6037